This Book Belongs To:

_____

_____

_____

Copyright © Teresa Rother
All rights reserved. No part of this publication may be reproduced, distributed, or transmitted in any form or by any means, including photocopy, recording, or other electronic or mechanical methods.

Dedication

This Recipe Book is dedicated to all the mothers and sons who want to preserve the family recipes and pass them along for generations to come.

You are my inspiration for producing this book and I'm honored to be a part of your recipe collection and organization.

How To Use this Book

This Recipe Book will help guide you by accurately recording each of your favorite family recipes and jotting down new ones throughout the upcoming years.

Here are examples of information for you to fill in and write the details of your recipe collection.

Fill in the following information:

1. Table of Contents for each recipe page
2. Recipe name
3. Servings, prep time, and cook time
4. Ingredients
5. Directions
6. From the kitchen of - place to write who the recipe is from
7. Notes

Table of Contents

Page #	Recipe Name

Table of Contents

Page #	Recipe Name

Table of Contents

Page #	Recipe Name

Table of Contents

Page #	Recipe Name

Table of Contents

Page #	Recipe Name

Table of Contents

Page #	Recipe Name

Recipe Name

Servings:_____ Prep Time:_____ Cook Time:_____

Ingredients: Directions:

_____   _____
_____   _____
_____   _____
_____   _____
_____   _____
_____   _____
_____   _____
_____   _____
_____   _____
_____   _____
_____   _____
_____   _____
_____   _____
_____   _____
_____   _____
_____   _____
_____   _____
_____   _____
_____   _____
_____   _____
_____   _____
_____   _____

From The Kitchen Of: _____

Notes

| 1 | |

Recipe Name

Servings:_____ Prep Time:_____ Cook Time:_____

Ingredients: Directions:

From The Kitchen Of: _____

Notes

Recipe Name

Servings: _____ Prep Time: _____ Cook Time: _____

Ingredients: Directions:

_____   _____
_____   _____
_____   _____
_____   _____
_____   _____
_____   _____
_____   _____
_____   _____
_____   _____
_____   _____
_____   _____
_____   _____
_____   _____
_____   _____
_____   _____
_____   _____
_____   _____
_____   _____
_____   _____
_____   _____
_____   _____
_____   _____
_____   _____
_____   _____
_____   _____

From The Kitchen Of: _____

Notes

3

Recipe Name

Servings:_____ Prep Time:_____ Cook Time:_____

Ingredients: Directions:

From The Kitchen Of: _____

Notes

Recipe Name

Servings:_____ Prep Time:_____ Cook Time:_____

Ingredients: Directions:

_____   _____
_____   _____
_____   _____
_____   _____
_____   _____
_____   _____
_____   _____
_____   _____
_____   _____
_____   _____
_____   _____
_____   _____
_____   _____
_____   _____
_____   _____
_____   _____
_____   _____
_____   _____
_____   _____
_____   _____
_____   _____
_____   _____

From The Kitchen Of: _____

Notes

5

Recipe Name

Servings:_____ Prep Time:_____ Cook Time:_____

Ingredients: Directions:

From The Kitchen Of: _____

Notes

Recipe Name

Servings:_____ Prep Time:_____ Cook Time:_____

Ingredients: Directions:

_____   _____
_____   _____
_____   _____
_____   _____
_____   _____
_____   _____
_____   _____
_____   _____
_____   _____
_____   _____
_____   _____
_____   _____
_____   _____
_____   _____
_____   _____
_____   _____
_____   _____
_____   _____
_____   _____
_____   _____
_____   _____
_____   _____

From The Kitchen Of: _____

Notes

Recipe Name

Servings:_____ Prep Time:_____ Cook Time:_____

Ingredients: Directions:

_____   _____
_____   _____
_____   _____
_____   _____
_____   _____
_____   _____
_____   _____
_____   _____
_____   _____
_____   _____
_____   _____
_____   _____
_____   _____
_____   _____
_____   _____
_____   _____
_____   _____
_____   _____
_____   _____
_____   _____
_____   _____
_____   _____

From The Kitchen Of: _____

Notes

Recipe Name

Servings:_____Prep Time:_____Cook Time:_____

Ingredients:

Directions:

_____
_____
_____
_____
_____
_____
_____
_____
_____
_____
_____
_____
_____
_____
_____
_____
_____
_____
_____
_____

From The Kitchen Of: _____

Notes

9

Recipe Name

Servings:_____ Prep Time:_____ Cook Time:_____

Ingredients: Directions:

_____   _____
_____   _____
_____   _____
_____   _____
_____   _____
_____   _____
_____   _____
_____   _____
_____   _____
_____   _____
_____   _____
_____   _____
_____   _____
_____   _____
_____   _____
_____   _____
_____   _____
_____   _____
_____   _____
_____   _____
_____   _____
_____   _____
_____   _____

From The Kitchen Of: _____

Notes

Recipe Name

Servings:_____ Prep Time:_____ Cook Time:_____

Ingredients: Directions:

_____   _____
_____   _____
_____   _____
_____   _____
_____   _____
_____   _____
_____   _____
_____   _____
_____   _____
_____   _____
_____   _____
_____   _____
_____   _____
_____   _____
_____   _____
_____   _____
_____   _____
_____   _____
_____   _____
_____   _____
_____   _____
_____   _____

From The Kitchen Of: _____

Notes

Recipe Name

Servings: _____ Prep Time: _____ Cook Time: _____

Ingredients: Directions:

From The Kitchen Of: _____

Notes

Recipe Name

Servings:_____ Prep Time:_____ Cook Time:_____

Ingredients: Directions:

_____   _____
_____   _____
_____   _____
_____   _____
_____   _____
_____   _____
_____   _____
_____   _____
_____   _____
_____   _____
_____   _____
_____   _____
_____   _____
_____   _____
_____   _____
_____   _____
_____   _____
_____   _____
_____   _____
_____   _____

From The Kitchen Of: _____

Notes

Recipe Name

Servings:_____ Prep Time:_____ Cook Time:_____

Ingredients:

Directions:

From The Kitchen Of: _____

Notes

Recipe Name

Servings:_____ Prep Time:_____ Cook Time:_____

Ingredients: Directions:

_____   _____
_____   _____
_____   _____
_____   _____
_____   _____
_____   _____
_____   _____
_____   _____
_____   _____
_____   _____
_____   _____
_____   _____
_____   _____
_____   _____
_____   _____
_____   _____
_____   _____
_____   _____
_____   _____
_____   _____
_____   _____

From The Kitchen Of: _____

Notes

15

Recipe Name

Servings:_____ Prep Time:_____ Cook Time:_____

Ingredients: Directions:

From The Kitchen Of: _____

Notes

Recipe Name

Servings:_____ Prep Time:_____ Cook Time:_____

Ingredients: Directions:

_____   _____
_____   _____
_____   _____
_____   _____
_____   _____
_____   _____
_____   _____
_____   _____
_____   _____
_____   _____
_____   _____
_____   _____
_____   _____
_____   _____
_____   _____
_____   _____
_____   _____
_____   _____
_____   _____
_____   _____

From The Kitchen Of: _____

Notes

Recipe Name

Servings:_____ Prep Time:_____ Cook Time:_____

Ingredients: Directions:

Recipe Name

Servings:_____ Prep Time:_____ Cook Time:_____

Ingredients:

Directions:

From The Kitchen Of: _____

Notes

19

Recipe Name

Servings:_____ Prep Time:_____ Cook Time:_____

Ingredients:

Directions:

From The Kitchen Of: _____

Notes

20

Recipe Name

Servings:_____ Prep Time:_____ Cook Time:_____

Ingredients: Directions:

_____   _____
_____   _____
_____   _____
_____   _____
_____   _____
_____   _____
_____   _____
_____   _____
_____   _____
_____   _____
_____   _____
_____   _____
_____   _____
_____   _____
_____   _____
_____   _____
_____   _____
_____   _____
_____   _____
_____   _____
_____   _____

From The Kitchen Of: _____

Notes

Recipe Name

Servings:_____ Prep Time:_____ Cook Time:_____

Ingredients: Directions:

From The Kitchen Of: _____

Notes

22

Recipe Name

Servings:_____ Prep Time:_____ Cook Time:_____

Ingredients: Directions:

_____   _____
_____   _____
_____   _____
_____   _____
_____   _____
_____   _____
_____   _____
_____   _____
_____   _____
_____   _____
_____   _____
_____   _____
_____   _____
_____   _____
_____   _____
_____   _____
_____   _____
_____   _____
_____   _____
_____   _____
_____   _____

From The Kitchen Of: _____

Notes

Recipe Name

Servings:_____ Prep Time:_____ Cook Time:_____

Ingredients: Directions:

From The Kitchen Of: _____

Notes

Recipe Name

Servings:_____ Prep Time:_____ Cook Time:_____

Ingredients: Directions:

From The Kitchen Of: _____

Notes

25

Recipe Name

Servings:_____ Prep Time:_____ Cook Time:_____

Ingredients:				Directions:

_____		_____
_____		_____
_____		_____
_____		_____
_____		_____
_____		_____
_____		_____
_____		_____
_____		_____
_____		_____
_____		_____
_____		_____
_____		_____
_____		_____
_____		_____
_____		_____
_____		_____
_____		_____
_____		_____
_____		_____
_____		_____
_____		_____
_____		_____

From The Kitchen Of: _____

Notes

Recipe Name

Servings:_____ Prep Time:_____ Cook Time:_____

Ingredients: Directions:

_____   _____
_____   _____
_____   _____
_____   _____
_____   _____
_____   _____
_____   _____
_____   _____
_____   _____
_____   _____
_____   _____
_____   _____
_____   _____
_____   _____
_____   _____
_____   _____
_____   _____
_____   _____
_____   _____
_____   _____
_____   _____
_____   _____
_____   _____
_____   _____
_____   _____

From The Kitchen Of: _____

Notes

Recipe Name

Servings:_____ Prep Time:_____ Cook Time:_____

Ingredients: Directions:

_____   _____
_____   _____
_____   _____
_____   _____
_____   _____
_____   _____
_____   _____
_____   _____
_____   _____
_____   _____
_____   _____
_____   _____
_____   _____
_____   _____
_____   _____
_____   _____
_____   _____
_____   _____
_____   _____
_____   _____

From The Kitchen Of: _____

Notes

Recipe Name

Servings:_____ Prep Time:_____ Cook Time:_____

Ingredients: Directions:

From The Kitchen Of: _____

Notes

29

Recipe Name

Servings:_____ Prep Time:_____ Cook Time:_____

Ingredients: Directions:

_____   _____
_____   _____
_____   _____
_____   _____
_____   _____
_____   _____
_____   _____
_____   _____
_____   _____
_____   _____
_____   _____
_____   _____
_____   _____
_____   _____
_____   _____
_____   _____
_____   _____
_____   _____
_____   _____
_____   _____
_____   _____
_____   _____
_____   _____
_____   _____
_____   _____

From The Kitchen Of: _____

Notes

30

Recipe Name

Servings:_____ Prep Time:_____ Cook Time:_____

Ingredients: Directions:

_____   _____
_____   _____
_____   _____
_____   _____
_____   _____
_____   _____
_____   _____
_____   _____
_____   _____
_____   _____
_____   _____
_____   _____
_____   _____
_____   _____
_____   _____
_____   _____
_____   _____
_____   _____
_____   _____
_____   _____
_____   _____
_____   _____
_____   _____

From The Kitchen Of: _____

Notes

Recipe Name

Servings:_____ Prep Time:_____ Cook Time:_____

Ingredients: Directions:

_____   _____
_____   _____
_____   _____
_____   _____
_____   _____
_____   _____
_____   _____
_____   _____
_____   _____
_____   _____
_____   _____
_____   _____
_____   _____
_____   _____
_____   _____
_____   _____
_____   _____
_____   _____
_____   _____
_____   _____
_____   _____
_____   _____
_____   _____

From The Kitchen Of: _____

Notes

Recipe Name

Servings:_____ Prep Time:_____ Cook Time:_____

Ingredients: Directions:

_____   _____
_____   _____
_____   _____
_____   _____
_____   _____
_____   _____
_____   _____
_____   _____
_____   _____
_____   _____
_____   _____
_____   _____
_____   _____
_____   _____
_____   _____
_____   _____
_____   _____
_____   _____
_____   _____
_____   _____

From The Kitchen Of: _____

Notes

Recipe Name

Servings:_____ Prep Time:_____ Cook Time:_____

Ingredients: Directions:

_____   _____
_____   _____
_____   _____
_____   _____
_____   _____
_____   _____
_____   _____
_____   _____
_____   _____
_____   _____
_____   _____
_____   _____
_____   _____
_____   _____
_____   _____
_____   _____
_____   _____
_____   _____
_____   _____
_____   _____
_____   _____
_____   _____
_____   _____
_____   _____

From The Kitchen Of: _____

Notes

Recipe Name

Servings:_____ Prep Time:_____ Cook Time:_____

Ingredients: Directions:

From The Kitchen Of: _____

Notes

35

Recipe Name

Servings:_____ Prep Time:_____ Cook Time:_____

Ingredients: Directions:

From The Kitchen Of: _____

Notes

Recipe Name

Servings:_____ Prep Time:_____ Cook Time:_____

Ingredients: Directions:

From The Kitchen Of: _____

Notes

37

Recipe Name

Servings:_____ Prep Time:_____ Cook Time:_____

Ingredients: Directions:

_____   _____
_____   _____
_____   _____
_____   _____
_____   _____
_____   _____
_____   _____
_____   _____
_____   _____
_____   _____
_____   _____
_____   _____
_____   _____
_____   _____
_____   _____
_____   _____
_____   _____
_____   _____
_____   _____
_____   _____
_____   _____

From The Kitchen Of: _____

Notes

Recipe Name

Servings:_____ Prep Time:_____ Cook Time:_____

Ingredients: Directions:

From The Kitchen Of: _____

Notes

Recipe Name

Servings:_____Prep Time:_____Cook Time:_____

Ingredients: Directions:

From The Kitchen Of: _____

Notes

40

Recipe Name

Servings:_____ Prep Time:_____ Cook Time:_____

Ingredients: Directions:

_____   _____
_____   _____
_____   _____
_____   _____
_____   _____
_____   _____
_____   _____
_____   _____
_____   _____
_____   _____
_____   _____
_____   _____
_____   _____
_____   _____
_____   _____
_____   _____
_____   _____
_____   _____
_____   _____

From The Kitchen Of: _____

Notes

Recipe Name

Servings:_____ Prep Time:_____ Cook Time:_____

Ingredients: Directions:

From The Kitchen Of: _____

Notes

42

Recipe Name

Servings:_____ Prep Time:_____ Cook Time:_____

Ingredients: Directions:

_____   _____
_____   _____
_____   _____
_____   _____
_____   _____
_____   _____
_____   _____
_____   _____
_____   _____
_____   _____
_____   _____
_____   _____
_____   _____
_____   _____
_____   _____
_____   _____
_____   _____
_____   _____
_____   _____
_____   _____
_____   _____
_____   _____
_____   _____
_____   _____

From The Kitchen Of: _____

Notes

Recipe Name

Servings:_____ Prep Time:_____ Cook Time:_____

Ingredients: Directions:

From The Kitchen Of: _____

Notes

Recipe Name

Servings:_____Prep Time:_____Cook Time:_____

Ingredients: Directions:

From The Kitchen Of: _____

Notes

45

Recipe Name

Servings:_____ Prep Time:_____ Cook Time:_____

Ingredients: Directions:

From The Kitchen Of: _____

Notes

Recipe Name

Servings:_____ Prep Time:_____ Cook Time:_____

Ingredients: Directions:

From The Kitchen Of: _____

Notes

47

Recipe Name

Servings:_____ Prep Time:_____ Cook Time:_____

Ingredients:　　　　　　　　Directions:

From The Kitchen Of: _____

Notes

Recipe Name

Servings:_____ Prep Time:_____ Cook Time:_____

Ingredients: Directions:

_____   _____
_____   _____
_____   _____
_____   _____
_____   _____
_____   _____
_____   _____
_____   _____
_____   _____
_____   _____
_____   _____
_____   _____
_____   _____
_____   _____
_____   _____
_____   _____
_____   _____
_____   _____
_____   _____
_____   _____

From The Kitchen Of: _____

Notes

Recipe Name

Servings:_____ Prep Time:_____ Cook Time:_____

Ingredients: Directions:

_____   _____
_____   _____
_____   _____
_____   _____
_____   _____
_____   _____
_____   _____
_____   _____
_____   _____
_____   _____
_____   _____
_____   _____
_____   _____
_____   _____
_____   _____
_____   _____
_____   _____
_____   _____
_____   _____
_____   _____
_____   _____
_____   _____
_____   _____
_____   _____
_____   _____
_____   _____

From The Kitchen Of: _____

Notes

Recipe Name

Servings:_____ Prep Time:_____ Cook Time:_____

Ingredients: Directions:

From The Kitchen Of: _____

Notes

51

Recipe Name

Servings:_____ Prep Time:_____ Cook Time:_____

Ingredients:

Directions:

From The Kitchen Of: _____

Notes

Recipe Name

Servings:_____ Prep Time:_____ Cook Time:_____

Ingredients: Directions:

_____   _____
_____   _____
_____   _____
_____   _____
_____   _____
_____   _____
_____   _____
_____   _____
_____   _____
_____   _____
_____   _____
_____   _____
_____   _____
_____   _____
_____   _____
_____   _____
_____   _____
_____   _____
_____   _____
_____   _____

From The Kitchen Of: _____

Notes

Recipe Name

Servings:_____ Prep Time:_____ Cook Time:_____

Ingredients: Directions:

_____   _____
_____   _____
_____   _____
_____   _____
_____   _____
_____   _____
_____   _____
_____   _____
_____   _____
_____   _____
_____   _____
_____   _____
_____   _____
_____   _____
_____   _____
_____   _____
_____   _____
_____   _____
_____   _____
_____   _____
_____   _____
_____   _____
_____   _____

From The Kitchen Of: _____

Notes

Recipe Name

Servings:_____ Prep Time:_____ Cook Time:_____

Ingredients: Directions:

From The Kitchen Of: _____

Notes

55

Recipe Name

Servings:_____ Prep Time:_____ Cook Time:_____

Ingredients: Directions:

From The Kitchen Of: _____

Notes

56

Recipe Name

Servings:_____ Prep Time:_____ Cook Time:_____

Ingredients: Directions:

_____   _____
_____   _____
_____   _____
_____   _____
_____   _____
_____   _____
_____   _____
_____   _____
_____   _____
_____   _____
_____   _____
_____   _____
_____   _____
_____   _____
_____   _____
_____   _____
_____   _____
_____   _____
_____   _____
_____   _____

From The Kitchen Of: _____

Notes

57

Recipe Name

Servings:_____ Prep Time:_____ Cook Time:_____

Ingredients: Directions:

_____   _____
_____   _____
_____   _____
_____   _____
_____   _____
_____   _____
_____   _____
_____   _____
_____   _____
_____   _____
_____   _____
_____   _____
_____   _____
_____   _____
_____   _____
_____   _____
_____   _____
_____   _____
_____   _____
_____   _____
_____   _____
_____   _____
_____   _____
_____   _____

From The Kitchen Of: _____

Notes

Recipe Name

Servings: _____ Prep Time: _____ Cook Time: _____

Ingredients: Directions:

From The Kitchen Of: _____

Notes

Recipe Name

Servings:_____Prep Time:_____Cook Time:_____

Ingredients: Directions:

From The Kitchen Of: _____

Notes

Recipe Name

Servings:_____ Prep Time:_____ Cook Time:_____

Ingredients: Directions:

From The Kitchen Of: _____

Notes

61

Recipe Name

Servings:_____ Prep Time:_____ Cook Time:_____

Ingredients: Directions:

From The Kitchen Of: _____

Notes

Recipe Name

Servings:_____ Prep Time:_____ Cook Time:_____

Ingredients: Directions:

_____   _____
_____   _____
_____   _____
_____   _____
_____   _____
_____   _____
_____   _____
_____   _____
_____   _____
_____   _____
_____   _____
_____   _____
_____   _____
_____   _____
_____   _____
_____   _____
_____   _____
_____   _____
_____   _____
_____   _____
_____   _____
_____   _____
_____   _____

From The Kitchen Of: _____

Notes

Recipe Name

Servings:_____ Prep Time:_____ Cook Time:_____

Ingredients: Directions:

From The Kitchen Of: _____

Notes

Recipe Name

Servings:_____ Prep Time:_____ Cook Time:_____

Ingredients: Directions:

_____ _____
_____ _____
_____ _____
_____ _____
_____ _____
_____ _____
_____ _____
_____ _____
_____ _____
_____ _____
_____ _____
_____ _____
_____ _____
_____ _____
_____ _____
_____ _____
_____ _____
_____ _____
_____ _____
_____ _____

From The Kitchen Of: _____

Notes

Recipe Name

Servings:_____ Prep Time:_____ Cook Time:_____

Ingredients: Directions:

_____   _____
_____   _____
_____   _____
_____   _____
_____   _____
_____   _____
_____   _____
_____   _____
_____   _____
_____   _____
_____   _____
_____   _____
_____   _____
_____   _____
_____   _____
_____   _____
_____   _____
_____   _____
_____   _____
_____   _____

From The Kitchen Of: _____

Notes

Recipe Name

Servings:_____ Prep Time:_____ Cook Time:_____

Ingredients: Directions:

From The Kitchen Of: _____

Notes

Recipe Name

Servings:_____Prep Time:_____Cook Time:_____

Ingredients: Directions:

From The Kitchen Of: _____

Notes

Recipe Name

Servings:_____ Prep Time:_____ Cook Time:_____

Ingredients: Directions:

_____   _____
_____   _____
_____   _____
_____   _____
_____   _____
_____   _____
_____   _____
_____   _____
_____   _____
_____   _____
_____   _____
_____   _____
_____   _____
_____   _____
_____   _____
_____   _____
_____   _____
_____   _____
_____   _____
_____   _____

From The Kitchen Of: _____

Notes

Recipe Name

Servings:_____ Prep Time:_____ Cook Time:_____

Ingredients: Directions:

_____   _____
_____   _____
_____   _____
_____   _____
_____   _____
_____   _____
_____   _____
_____   _____
_____   _____
_____   _____
_____   _____
_____   _____
_____   _____
_____   _____
_____   _____
_____   _____
_____   _____
_____   _____
_____   _____
_____   _____
_____   _____
_____   _____
_____   _____
_____   _____
_____   _____

From The Kitchen Of: _____

Notes

Recipe Name

Servings:_____ Prep Time:_____ Cook Time:_____

Ingredients: Directions:

_____   _____
_____   _____
_____   _____
_____   _____
_____   _____
_____   _____
_____   _____
_____   _____
_____   _____
_____   _____
_____   _____
_____   _____
_____   _____
_____   _____
_____   _____
_____   _____
_____   _____
_____   _____
_____   _____
_____   _____
_____   _____
_____   _____

From The Kitchen Of: _____

Notes

Recipe Name

Servings:_____Prep Time:_____Cook Time:_____

Ingredients: Directions:

From The Kitchen Of: _____

Notes

72

Recipe Name

Servings:_____ Prep Time:_____ Cook Time:_____

Ingredients:				Directions:

From The Kitchen Of: _____

Notes

Recipe Name

Servings:_____ Prep Time:_____ Cook Time:_____

Ingredients: Directions:

From The Kitchen Of: _____

Notes

Recipe Name

Servings:_____ Prep Time:_____ Cook Time:_____

Ingredients: Directions:

_____   _____
_____   _____
_____   _____
_____   _____
_____   _____
_____   _____
_____   _____
_____   _____
_____   _____
_____   _____
_____   _____
_____   _____
_____   _____
_____   _____
_____   _____
_____   _____
_____   _____
_____   _____
_____   _____
_____   _____
_____   _____
_____   _____

From The Kitchen Of: _____

Notes

Recipe Name

Servings:_____Prep Time:_____Cook Time:_____

Ingredients: Directions:

From The Kitchen Of: _____

Notes

76

Recipe Name

Servings:_____ Prep Time:_____ Cook Time:_____

Ingredients: Directions:

_____   _____
_____   _____
_____   _____
_____   _____
_____   _____
_____   _____
_____   _____
_____   _____
_____   _____
_____   _____
_____   _____
_____   _____
_____   _____
_____   _____
_____   _____
_____   _____
_____   _____
_____   _____
_____   _____
_____   _____

From The Kitchen Of: _____

Notes

Recipe Name

Servings: _____ Prep Time: _____ Cook Time: _____

Ingredients: Directions:

_____   _____
_____   _____
_____   _____
_____   _____
_____   _____
_____   _____
_____   _____
_____   _____
_____   _____
_____   _____
_____   _____
_____   _____
_____   _____
_____   _____
_____   _____
_____   _____
_____   _____
_____   _____
_____   _____
_____   _____
_____   _____
_____   _____

From The Kitchen Of: _____

Notes

Recipe Name

Servings:_____ Prep Time:_____ Cook Time:_____

Ingredients: Directions:

_____   _____
_____   _____
_____   _____
_____   _____
_____   _____
_____   _____
_____   _____
_____   _____
_____   _____
_____   _____
_____   _____
_____   _____
_____   _____
_____   _____
_____   _____
_____   _____
_____   _____
_____   _____
_____   _____
_____   _____

From The Kitchen Of: _____

Notes

Recipe Name

Servings:_____Prep Time:_____Cook Time:_____

Ingredients: Directions:

From The Kitchen Of: _____

Notes

80

Recipe Name

Servings:_____ Prep Time:_____ Cook Time:_____

Ingredients:	Directions:

_____	_____
_____	_____
_____	_____
_____	_____
_____	_____
_____	_____
_____	_____
_____	_____
_____	_____
_____	_____
_____	_____
_____	_____
_____	_____
_____	_____
_____	_____
_____	_____
_____	_____
_____	_____
_____	_____
_____	_____

From The Kitchen Of: _____

Notes

Recipe Name

Servings:_____ Prep Time:_____ Cook Time:_____

Ingredients: Directions:

_____   _____
_____   _____
_____   _____
_____   _____
_____   _____
_____   _____
_____   _____
_____   _____
_____   _____
_____   _____
_____   _____
_____   _____
_____   _____
_____   _____
_____   _____
_____   _____
_____   _____
_____   _____
_____   _____
_____   _____
_____   _____
_____   _____
_____   _____
_____   _____
_____   _____

From The Kitchen Of: _____

Notes

Recipe Name

Servings:_____ Prep Time:_____ Cook Time:_____

Ingredients: Directions:

_____   _____
_____   _____
_____   _____
_____   _____
_____   _____
_____   _____
_____   _____
_____   _____
_____   _____
_____   _____
_____   _____
_____   _____
_____   _____
_____   _____
_____   _____
_____   _____
_____   _____
_____   _____
_____   _____
_____   _____
_____   _____
_____   _____
_____   _____

From The Kitchen Of: _____

Notes

Recipe Name

Servings:_____Prep Time:_____Cook Time:_____

Ingredients: Directions:

From The Kitchen Of: _____

Notes

84

Recipe Name

Servings:_____ Prep Time:_____ Cook Time:_____

Ingredients:					Directions:

From The Kitchen Of: _____

Notes

85

Recipe Name

Servings:_____ Prep Time:_____ Cook Time:_____

Ingredients: Directions:

From The Kitchen Of: _____

Notes

86

Recipe Name

Servings:_____ Prep Time:_____ Cook Time:_____

Ingredients: Directions:

From The Kitchen Of: _____

Notes

87

Recipe Name

Servings:_____ Prep Time:_____ Cook Time:_____

Ingredients: Directions:

From The Kitchen Of: _____

Notes

Recipe Name

Servings:_____ Prep Time:_____ Cook Time:_____

Ingredients: Directions:

_____ _____
_____ _____
_____ _____
_____ _____
_____ _____
_____ _____
_____ _____
_____ _____
_____ _____
_____ _____
_____ _____
_____ _____
_____ _____
_____ _____
_____ _____
_____ _____
_____ _____
_____ _____
_____ _____
_____ _____

From The Kitchen Of: _____

Notes

Recipe Name

Servings:_____ Prep Time:_____ Cook Time:_____

Ingredients:					Directions:

From The Kitchen Of: _____

Notes

Recipe Name

Servings:_____ Prep Time:_____ Cook Time:_____

Ingredients: Directions:

From The Kitchen Of: _____

Notes

91

Recipe Name

Servings:_____ Prep Time:_____ Cook Time:_____

Ingredients: Directions:

Recipe Name

Servings:_____ Prep Time:_____ Cook Time:_____

Ingredients: Directions:

From The Kitchen Of: _____

Notes

93

Recipe Name

Servings:_____ Prep Time:_____ Cook Time:_____

Ingredients: Directions:

From The Kitchen Of: _____

Notes

Recipe Name

Servings:_____ Prep Time:_____ Cook Time:_____

Ingredients: Directions:

_____   _____
_____   _____
_____   _____
_____   _____
_____   _____
_____   _____
_____   _____
_____   _____
_____   _____
_____   _____
_____   _____
_____   _____
_____   _____
_____   _____
_____   _____
_____   _____
_____   _____
_____   _____
_____   _____
_____   _____
_____   _____
_____   _____
_____   _____

From The Kitchen Of: _____

Notes

95

Recipe Name

Servings:_____ Prep Time:_____ Cook Time:_____

Ingredients: Directions:

From The Kitchen Of: _____

Notes

Recipe Name

Servings:_____ Prep Time:_____ Cook Time:_____

Ingredients: Directions:

_____   _____
_____   _____
_____   _____
_____   _____
_____   _____
_____   _____
_____   _____
_____   _____
_____   _____
_____   _____
_____   _____
_____   _____
_____   _____
_____   _____
_____   _____
_____   _____
_____   _____
_____   _____
_____   _____
_____   _____

From The Kitchen Of: _____

Notes

Recipe Name

Servings:_____ Prep Time:_____ Cook Time:_____

Ingredients: Directions:

From The Kitchen Of: _____

Notes

98

Recipe Name

Servings:_____ Prep Time:_____ Cook Time:_____

Ingredients: Directions:

_____   _____
_____   _____
_____   _____
_____   _____
_____   _____
_____   _____
_____   _____
_____   _____
_____   _____
_____   _____
_____   _____
_____   _____
_____   _____
_____   _____
_____   _____
_____   _____
_____   _____
_____   _____
_____   _____
_____   _____
_____   _____
_____   _____

From The Kitchen Of: _____

Notes

99

Recipe Name

Servings:_____ Prep Time:_____ Cook Time:_____

Ingredients: Directions:

_____   _____
_____   _____
_____   _____
_____   _____
_____   _____
_____   _____
_____   _____
_____   _____
_____   _____
_____   _____
_____   _____
_____   _____
_____   _____
_____   _____
_____   _____
_____   _____
_____   _____
_____   _____
_____   _____
_____   _____
_____   _____
_____   _____
_____   _____

From The Kitchen Of: _____

Notes

100

Recipe Name

Servings:_____ Prep Time:_____ Cook Time:_____

Ingredients:					Directions:

_____		_____
_____		_____
_____		_____
_____		_____
_____		_____
_____		_____
_____		_____
_____		_____
_____		_____
_____		_____
_____		_____
_____		_____
_____		_____
_____		_____
_____		_____
_____		_____
_____		_____
_____		_____
_____		_____

From The Kitchen Of: _____

Notes

101

Recipe Name

Servings:_____ Prep Time:_____ Cook Time:_____

Ingredients: Directions:

From The Kitchen Of: _____

Notes

www.ingramcontent.com/pod-product-compliance
Lightning Source LLC
Chambersburg PA
CBHW081311070526
44578CB00006B/833